A-Z
0-20
ENGLISH

A

a

B

b

C

C

D

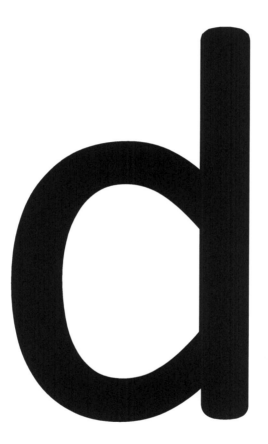

E

e

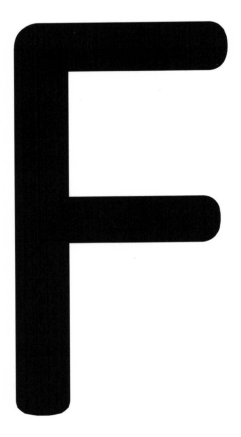

f

G

g

H

I

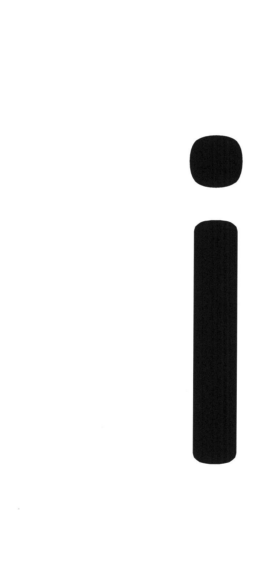

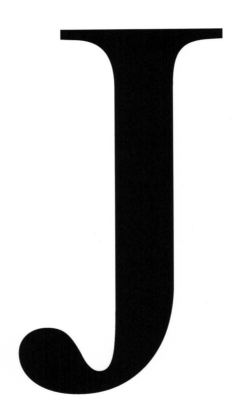

K

M

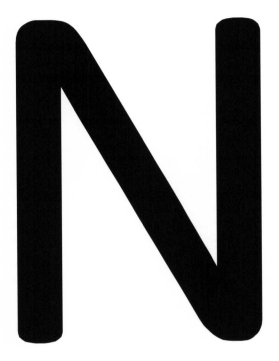

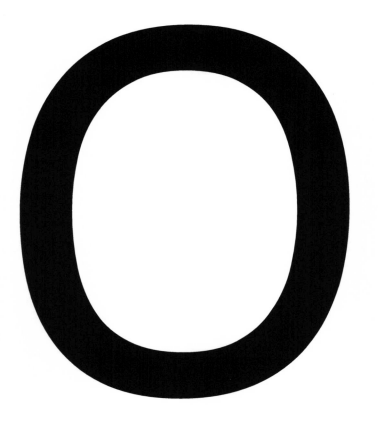

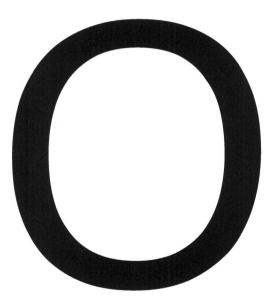

P

p

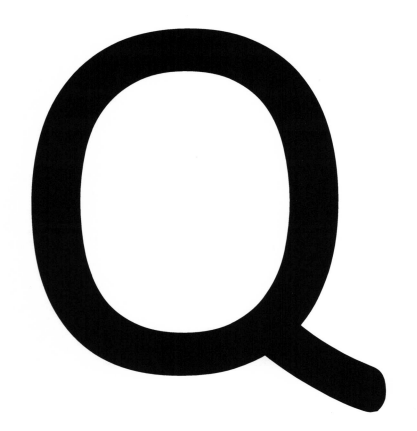

R

S

S

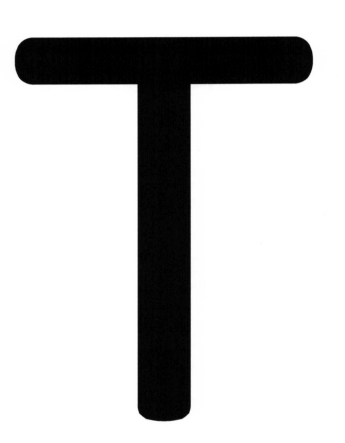

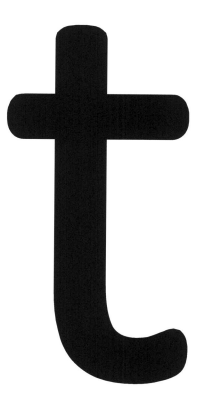

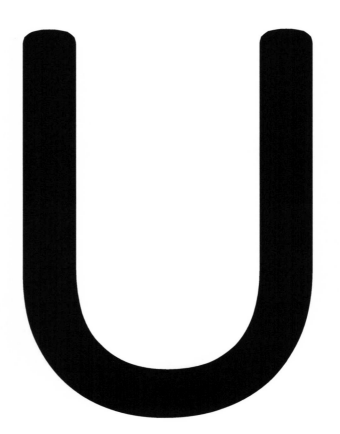

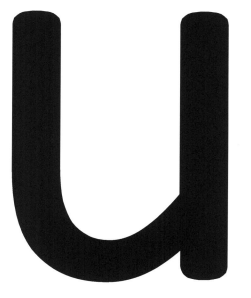

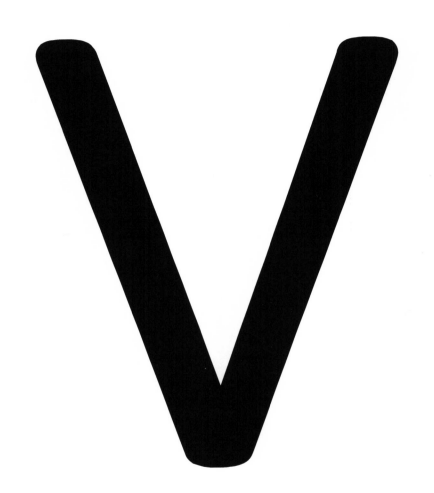

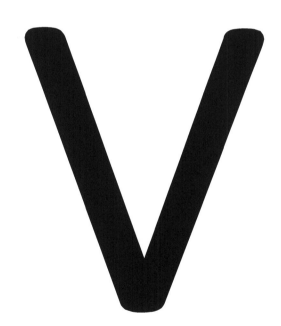

W

W

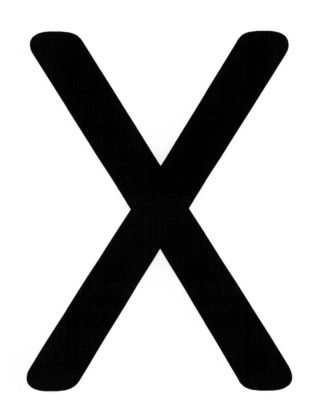

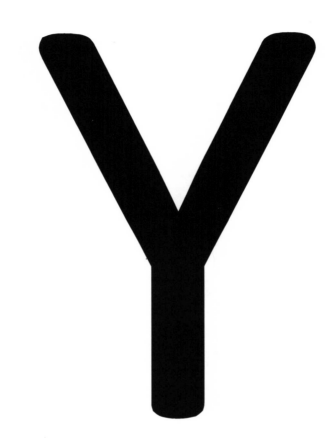

Z

Z

Aa Bb Cc Dd
Ee Ff Gg Hh
Ii Jj Kk Ll
Mm Nn Oo Pp
Qq Rr Ss Tt
Uu Vv Ww Xx
Yy Zz

0 1 2 3 4

5 6 7 8 9

10 11 12 13

14 15 16 17

18 19 20

1

2

3

4

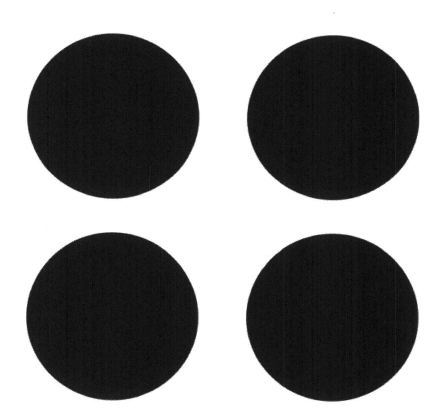

5

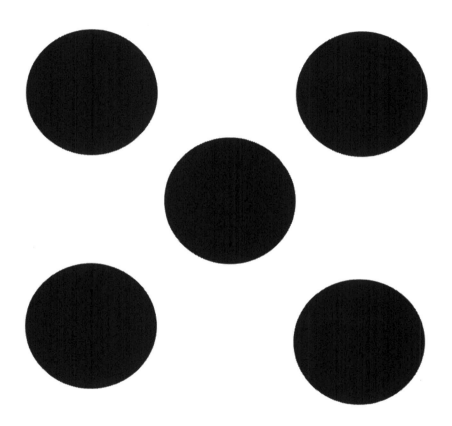

6

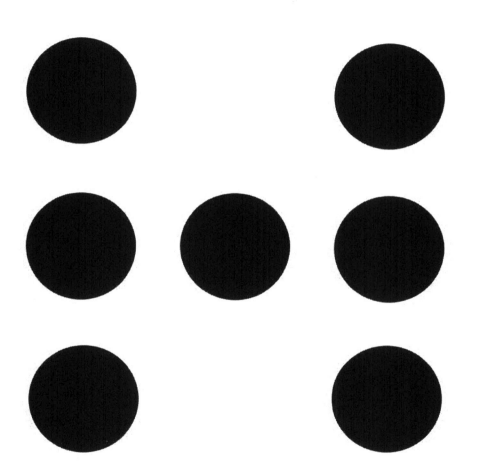

8

9

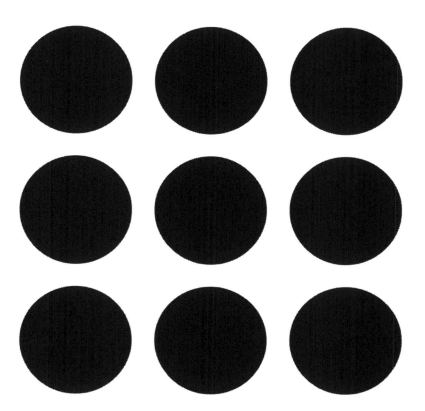

10

11

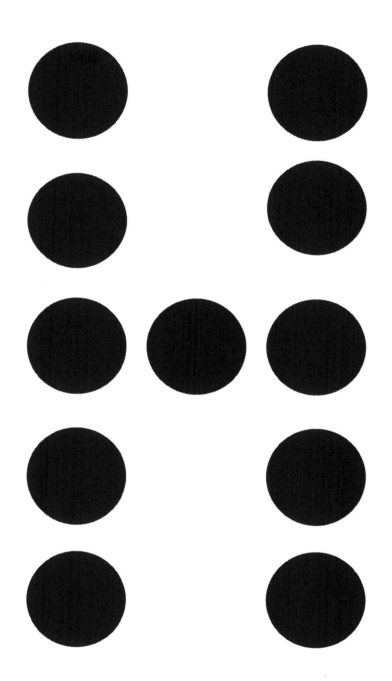

12

13

14

15

16

17

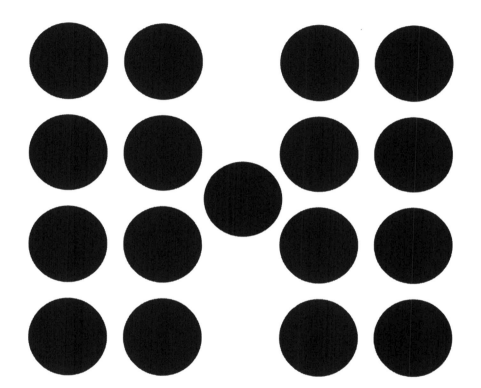

18

19

20

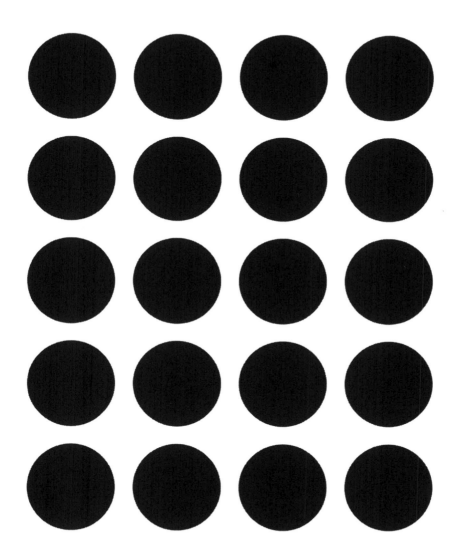

Made in the USA
Monee, IL
25 June 2023

37388716R10060